HSU

「仏教論」シリーズ 4

禅について考える

ABOUT ZEN BUDDHISM ON ZEN

大川隆法

Ryuho Okawa

まえがき

当会の仏法真理の歴史に関する基本書に『黄金の法』や『大悟の法』などがある。仏陀をはじめとする有名な仏教者についての簡潔《かんけつ》な叙述《じょじゅつ》がなされているが、登場人物とその基本的思想に焦点をあてて、一層専門的レベルの講義書が内部出版で出されている。

今回、幸福の科学大学創立にあたって、『仏教論』について取りまとめてほしいとの要望が文部科学省側から出されたので、私の仏教思想及びその解釈について、外部出版として公けにすることにした。仏教学の専門家の講義として十分に通用する内容であるので、幸福の科学大学の宗教的側面を支える力を持つものだと思う。

当会の仏教理解が十分に学問レベルに達しており、専門科目として教授するにたる内容となっていると思う。

本書を出発点として更なる仏教研究が可能になると考える。

二〇一四年　八月十日

幸福《こうふく》の科学《かがく》グループ創始者兼総裁《そうししゃけんそうさい》

幸福《こうふく》の科学大学創立者《かがくだいがくそうりつしゃ》　大川隆法《おおかわりゅうほう》

禅について考える　目次

禅について考える

――『黄金の法』講義④――

二〇〇二年九月二十四日　説法
東京都・幸福の科学 総合本部にて

まえがき　1

1　建仁寺《けんにんじ》を開いた臨済宗《りんざいしゅう》の開祖・栄西《えいさい》　10

栄西は、最初から禅宗《ぜんしゅう》を求めていたわけではなかった　10

「公案《こうあん》」を重視する臨済禅、「坐禅《ざぜん》」を重視する曹洞禅《そうとうぜん》 13
鎌倉仏教の宗祖《しゅうそ》たちが、比叡山《ひえいざん》から弾圧《だんあつ》された背景 16
「純粋な禅」という感じではなかった栄西 21

2 **入山早々、比叡山の教えに疑問を持った道元《どうげん》** 25
「本来本法性《ほんらいほんぽっしょう》、天然自性身《てんねんじしょうしん》」に対する疑問 25
疑問に対する答えを求め、栄西と巡《めぐ》り合う 29

3 **宋《そう》に留学し、曹洞宗に出合う** 34
中国では、正式な僧侶《そうりょ》と認められず、足止めされる 34
正師《しょうし》を求めて各地を遍歴《へんれき》する 40
天童如浄《てんどうにょじょう》より「坐禅中心の修行」を教わる 42

4 道元が悟った「身心脱落《しんじんだつらく》」の境地とは 47

宋では、抽象《ちゅうしょう》観念の会話に難儀《なんぎ》したと思われる道元 47

「身心脱落」は「心塵《しんじん》脱落」の誤解ではないか 53

なぜ、「心塵」を「身心」と捉《とら》えてしまったのか 58

手と足の組み方が、釈尊《しゃくそん》の時代とは逆になっている道元禅 61

道元が悟った「身心脱落」の真相 65

微妙な意味の違いを生んだ語学の壁 68

5 「かたち」にこだわりすぎる禅宗の問題点 71

なぜ、仏教の伝統に反して、目を開けたまま坐禅するのか 71

目を開けて面壁《めんぺき》するスタイルは、精神衛生上あまりよくない 76

道元の師・如浄は、釈尊の教えを汲《く》み、神秘体験もしていた　81
霊体験のない道元、「因果《いんが》の理法《りほう》と来世《らいせ》」を確信していた如浄　85
曹洞宗の僧侶に、唯物論者が多い理由　89
道元の「修証一如《しゅしょういちにょ》」の考え方の問題点　91
「スタイル」だけをまね、「悟り」までいっていない日本の禅宗　97

6 禅は本来、「天上界《てんじょうかい》との交流」を目指していた　101

如浄も道元も生前の思想について、あの世で反省している　101
曹洞禅の流れのなかには、無間《むけん》地獄へ堕《お》ちている僧侶もいる　104
霊魂《れいこん》を信じていない僧侶は、「嘘《うそ》を教える罪」を犯している　107

仏教の中身がなくなりつつある今こそ、「本当の教え」が必要　111
心の塵《ちり》を落とし、心が澄《す》み渡ってくると、天上界との交流が始まる　113
慈悲ゆえに、禅宗にも厳しく鉄槌《てっつい》を下《くだ》す　118

禅について考える

――『黄金の法』講義④――

二〇〇二年九月二十四日　説法

東京都・幸福の科学総合本部にて

1　建仁寺《けんにんじ》を開いた臨済宗《りんざいしゅう》の開祖・栄西《えいさい》

栄西《えいさい》は、最初から禅宗《ぜんしゅう》を求めていたわけではなかった

今日は、鎌倉期の宗教のなかで、「禅宗《ぜんしゅう》」と言われるものについて、考えをまとめてみたいと思います。『黄金の法』（幸福の科学出版刊）では、主として、第4章9節「栄西《えいさい》と道元《どうげん》」についての講義ということになります。どちらも名前は有名ですから、みなさん、もちろん、ご存じのはずでしょう。

日本の禅宗としては、栄西（一一四一～一二一五）が始めと考えてよいと思います（栄西は「ようさい」と読むこともある）。当時、中国は、宋《そう》の時代になっていました。彼は、この宋という国に二回も留学して帰ってきた人で、明治以降に言う「洋行帰り」に当たるような感じで、当時としては非常に〝ハイカラ〟な人でした。

「栄西は新進気鋭《しんしんきえい》で、禅宗を広めた」ということになっていますが、実際は、ほかの僧侶《そうりょ》と同じく、少年時代から比叡山《ひえいざん》に上がって勉強しており、入宋《にっそう》するときも、禅宗を求めていたわけではありませんでした。留学は留学だったのですが、そういうつもりではなかったのです。

ところが、宋に行ってみたところ、「『禅』というのが、どうも流行《はや》っているらしい」ということをずいぶん感じて、「これが中国の流行りらしい」ということで、かなり影響を受けたわけです。

最初、寺を開くときも、禅宗の寺を開いたわけではありません。臨済宗《りんざいしゅう》の開祖ということになっているので、臨済禅をバシッと開いたのかと思いがちですが、実際は、京都の建仁寺《けんにんじ》は、禅宗の寺ではなく、比叡山の末寺《まつじ》というか、末端の寺の一つというスタイルでしかなかったのです。

当時、比叡山の勢力から逃れて独自に一派を起こすのは、非常に難しいことでした。禅宗だけにすると、比叡山から異端として弾圧《だんあつ》を受けるので、「ごまかす」と言ったら語弊《ごへい》がありますが、いろいろなことをやっているように見せなければいけなかったのです。そこで、栄西は、「密教・真言《しんごん》もやるし、天台《てんだい》もやるし、禅もやります。総合道場のように三つ同時にやります」ということで、始めたわけです。

こうしたことから分かるように、栄西という人は、この世的に合わせることが非常に上手な人です。立ち居振る舞いがわりにうまい人であったと思います。比叡山から弾圧を受けないように、「三宗《さんしゅう》ともやっています」という感じにして、様子を窺《うかが》ったわけです。

「公案《こうあん》」を重視する臨済禅、「坐禅《ざぜん》」を重視する曹洞禅《そうとうぜん》

禅宗には今、大きくは臨済系と曹洞《そうとう》系とがあります。

臨済禅は、公案《こうあん》を重視する流れです。曹洞禅は、公案よりも坐禅《ざぜん》そのものを重視する流れです。

あえて違いを言うとすれば、臨済禅は、「坐禅を手段として、公案を通して、悟りという目的に到達する。あるいは、悟りという結果を得る」というものです。悟りを得ることを目的としてやっている禅なのです。

一方、曹洞禅は道元（一二〇〇〜一二五三）のほうですが、こちらについては、極端に言えば、公案を使わないような言い方もされています。ただ、実際は公案を使っています。道元も、公案についてはずいぶん触れているので、使っていないわけではないのです。

けれども、公案はそれほど重視していません。どちらかと言うと、坐禅そのものほうに意義を認め、「坐禅以外に、何か特別な目的があるわけではない。坐禅をして何かを悟るというのではなく、坐禅そのものが悟りと一体なのだ」という考えをとっているのです。

坐禅を手段として考えず、一種の目的として、「坐禅そのものが、悟りと渾《こん》然《ぜん》一体《いったい》となった行為なのだ」という捉《とら》え方をするのが、曹洞禅なのです。

大きくは、そういう違いがあると考えてよいでしょう。

ただ、両者は非常に入り乱れていますので、お互いに勉強し合っているので、「どちらに重点があるか」という違いぐらいしかないかもしれません。

鎌倉仏教の宗祖《しゅうそ》たちが、比叡山《ひえいざん》から弾圧された背景

栄西は、最初、建仁寺を開いたとき、「三宗兼学《けんがく》の寺」ということで、比叡《ひえい》山《ざん》の出張所のようなふりをして始めています。

栄西という人は、道元と対照すると、本当に面白いタイプの人です。先ほど、ハイカラだと述べましたが、「権力に近づいていく傾向を非常に持った人だ」と、よく言われています。現実にとった行動を見れば、そのように見えます。時の権力に近づいていく気《け》が非常にある人だったのです。やはり、政治権力等を使ったほうが、宗教を広げるのは早いので、そういうことを考えていた

のだろうと思われます。

二回も入宋して、非常に目立って派手な人だったし、政治権力のほうに近づいていって、「早く広げたい」という感じではあったのですが、比叡山のほうに、だんだん正体がばれていきます。「禅だけをやるつもりと違うのか」ということで、比叡山が弾圧の気配を見せてきたのです。

そのため、栄西は、「いや、そんなことはありません」という言い訳を一生懸命にしています。『興禅護国論《こうぜんごこくろん》』を書いて、「禅は、国を興《おこ》すために非常に大事なものだ」ということを主張し、別派あるいは新宗教を立てるつもりはないように見せる努力をしたのです。

このあたりの事情はそれほど簡単には分からないと思うので、現代的に説明しましょう。

鎌倉期の各宗祖《しゅうそ》、すなわち、栄西、道元、法然《ほうねん》、親鸞《しんらん》、一遍《いっぺん》、日蓮《にちれん》たちは、みな、「何か一つの教えを取り出して、すごく強調する」というスタイルをとっています。

当時、比叡山自体はすでに総合大学化しており、いろいろなものが学べる一種の大学でした。いわば中世の大学で、さまざまなものをやっていたのですが、そのなかの一つだけを取り出して、「これこそ仏法《ぶっぽう》である」と主張されると、ほかのところが困るわけです。「これだけが仏法である」と言われると、あとは偽物《にせもの》のように聞こえるので、それで嫌ったわけです。

現代的に言うと、どのような感じでしょうか。比叡山で修行することを、銀座の寿司屋で修業することに例えるとすれば、「寿司の修業をした職人が、独立したら回転寿司を始めてしまった」という感じでしょうか。

回転寿司は今でこそ流行っていますが、初めて始めるときだったら、本場の寿司屋は、「あんなものは寿司ではない」と言うに決まっています。「断固反対。店を閉鎖せよ」と抗議するでしょう。「わしは、あんなことを教えた覚えはない。あれはインチキだ。手で握《にぎ》らないではないか。型にはめてパシパシと機械でやっているだけではないか。安ければいいというものではないだろう」というように言うだろうと思います。

あるいは、和食の吉兆《きっちょう》で修業した人が、吉野家《よしのや》の牛丼を始めるような感じでしょうか。

あとになって流行れば追認されるでしょうが、初めて牛丼の店を出すときだったら、「おまえは何の修行をしてきたのだ」と言われるでしょう。「それを『和食』と称するのは困る」「〝牛丼即和食〟などと言うのは困る」というような弾圧を受けるだろうと思います。言ってみれば、そのような感じだったのです。

ただ、こうした全国チェーン店のようなものを始める人には、「先見《せんけん》の明《めい》」があります。牛丼やハンバーガー、回転寿司など、簡単なものにすると、バーッと広がるわけです。そして、一定以上の信者を獲得して全国的に広がれば、弾圧勢力を持って、対抗できるようになるけれども、最初、始めるときには、弾圧されるということです。言ってみれば、そういう感じで、鎌倉期の宗祖たちは比叡山にやられたのです。

「純粋な禅」という感じではなかった栄西

栄西は、ある程度カムフラージュしつつやっていたのですが、だんだん〝ばれて〟いき、苦労しています。禅の停止まで言われたため、『黄金の法』に書いてあるように、彼は『興禅護国論』等を書いています。

また、『喫茶養生記《きっさようじょうき》』を書いて、「お茶は体にすごくよい。病気に効《き》く薬にもなる」ということを言っています。

栄西は、中国に行ったとき、お茶のつくり方も学んできたようです。それはそうでしょう。中国の禅寺は、茶畑を持っているからです。茶摘《つ》みをして、お茶の葉を乾《かわ》かしたあと、お茶をつくって飲めば、坐禅のとき、眠気《ねむけ》を晴らせるというわけです。そういう意味で、お茶は貴重でした。

お茶自体は、日本にはもう少し前から入ってはいましたが、栄西が「いかに大事か」という功徳《くどく》を説いて、広めたのです。「お茶は、坐禅の合間に飲むものだが、体にもよいし、頭にもよいし、病気にも効く」ということで、『喫茶養生記』を書き、源実朝《みなもとのさねとも》（鎌倉幕府第三代将軍）に献上しています。ここでも、わりあい、権力にすり寄っています。

それから、栄西は、桑《くわ》の実にも、すごく効力・効果があるようなことを言っています。今、都会の人はあまり見ないでしょうが、昔、田舎のほうには桑の木がよくありました。野いちごに似た感じの、つぶつぶのある実がなります。また、桑の葉っぱは蚕《かいこ》の餌《えさ》になります。

この桑の木を「霊木《れいぼく》」と称して、「桑の実はよい。体によい。何にでも効く」ということを言っているので、彼には、農学と医学のはしりのようなところもあります。そういうセンスのあった人なのでしょう。

ということで、栄西は、「純粋な禅」という感じではありませんでした。実際、宋に留学したとき、密教も勉強したりしていました。「密教は、どうも廃《すた》れてきているらしい。禅のほうがよいらしい」ということで、禅の先生についたわけです。「自分は禅を教わりながら、禅の先生は密教を知らないし、自分は密教の先生の資格があるので、密教を禅の先生に教える」という〝怪《あや》しい関係〟で、禅を勉強して帰ってきています。

2　入山早々、比叡山《ひえいざん》の教えに疑問を持った道元《どうげん》

「本来本法性《ほんらいほんぽっしょう》、天然自性身《てんねんじしょうしん》」に対する疑問

道元《どうげん》は、栄西《えいさい》のまた弟子に当たります。道元は区切りのよい一二〇〇年生まれで、栄西は一二一五年に亡くなっているので、道元が数え年で十六歳のときに、栄西は亡くなったわけです。

道元は十三歳で出家しているわけですが、父親（源通親《みなもとのみちちか》・内大臣《ないだいじん》）が三歳

のときに亡くなっています。父親は非常に権勢家《けんせいか》でした。その父が三歳で亡くなり、母も八歳で亡くなったということで、よくあるパターンですが、「幼少時に失った両親の菩提《ぼだい》を弔《とむら》う」という意味もあり、また、頭もよかったので、十三歳で出家しています。なお、実際は、十四歳で得度《とくど》しています。

そういう感じで比叡山《ひえいざん》に行ったのですが、道元は、すぐに疑問を持ちます。それは何かというと、当時、比叡山では、一言で言うと、「本来本法性《ほんらいほんぽっしょう》、天然《てんねん》自性身《じしょうしん》」ということをよく言っていたのです。

つまり、「人間は、もともと悟った、清らかな存在なのだ」という思想が、けっこう蔓延《まんえん》していたのです。これは、一種の天台本覚《てんだいほんがく》思想と言ってもよいでしょうが、そういう思想が蔓延していたのです。

道元は出家してすぐに、「これは、おかしいのではないか」ということに気づきます。十四歳ぐらいで、「おかしい」と思ったわけですから、その意味では、頭はよいのです。今で言えば、中学生が出家して、比叡山の僧侶がみな、それが当然と思っているなかで、「おかしい。それなら、何のために修行するのですか」と言うようなものです。

「本来本法性、天然自性身」とは、言葉を換えれば、「みな仏様である」ということです。「みな、もともとピカピカで、仏様なのだ。ゴールドカラーなのだ」と言っているような感じなので、「それでは、結局、なぜ修行しなければいけないのかが分からないではないか」ということです。それはそのとおりでしょう（『悟りの挑戦（下巻）』〔幸福の科学出版刊〕第6章「仏性《ぶっしょう》と成仏」参照）。

当時、比叡山は驕《おご》り高ぶっており、山法師《やまほうし》と言われる僧兵《そうへい》を繰り出しては、人を殺したり、火をかけたりしていました。新しい宗教が起きてくると、たいてい襲《おそ》っていって、寺を壊し、火をつけて帰ってくるようなことを平気でやっていたのです。

そして、この思想が、僧兵や破戒僧《はかいそう》にとって一種の免罪符《めんざいふ》になっていて、「みな仏様だから、火をかけようが、家を壊そうが、人を殺そうが、仏陀の所《しょ》業《ぎょう》である」と、合理化するようなところがあったわけです。

道元は、出家してすぐに、それに対して疑問を感じたということですから、かなりの英才性を認めます。頭の切れがすごくよいのです。

ただ、不思議なことに、道元が、比叡山の高僧など、いろいろな人に訊《き》いて回ると、みな、まったく相手にしてくれませんでした。「おまえはバカか。まだ分かっていないな。しばらくいたら分かるようになる」などと言われたのです。みな、当然のこととして頭に入っているので、道元は、「そんなことは当たり前ではないか」という言い方をされたわけです。

疑問に対する答えを求め、栄西と巡《めぐ》り合う

道元は、疑問を持ち、親戚に当たる僧侶のところにも訊きに行くのですが、それでも分かりませんでした。そうして、いろいろ回っているうちに、ある僧

侶から、「栄西という人が、宋《そう》に二回も行っていて、非常に名が上がって有名である。その栄西に訊いてみるのがよいのではないか。建仁寺《けんにんじ》へ行ってみなさい。もしかしたら、何か教えてくれるかもしれない」と言われたので、栄西のところへ行くわけです。

誰も道元の疑問に答えられず、みな、「あっちへ行け。あっちへ行ったら分かるのではないか」と言って、他人《ひと》に〝球〟を投げていって、とうとう栄西のところに〝球〟が投げられたのです。

当時、栄西は、鎌倉と京都を行ったり来たりしていましたが、鎌倉にいた時期のほうが多かったようです。また、年も取っていました。そのため、道元は、それほど直接に指導は受けていないようです。

ただ、道元は、栄西に会い、「本来本法性、天然自性身なら、修行する必要はないではありませんか。それなのに、なぜ、歴史上の古仏《こぶつ》、歴代の仏たちは、みな修行したのですか。なぜ、それほど厳しい修行をする必要があったのですか。おかしいではないですか。そのままでもよいではないですか。疑問です」というように訊いたようです。

すると、栄西はカンラカラカラと笑って、「あんた、どこに仏さんがいるんだ。いるのは狸《たぬき》や狐《きつね》ばかりだ」というように答えたのです。つまり、「悟っていると思っているような人たちは、自分のことを『仏だ』と思っているかもしれないが、みな、狐や狸の仲間だ。何も悟っていない。人を騙《だま》して、自分も騙して、悟った気になっているだけだ」というわけです。

答えになっているかどうか分からないような答えで、さすが禅問答《ぜんもんどう》です。道元は、質問に対して、「狸や狐しかいない。仏さんなどどこにいる」というようなことを言われ、「これは、一回、入宋《にっそう》しなければ駄目《だめ》かな」と思うわけです。

栄西は、そのあと、道元が十五歳になるときに亡くなっていますから、それほど本格的な教えは受けられませんでした。栄西の年齢から見て、道元は、一、二度、栄西に会えたかどうかというくらいでしょう。実際は、栄西の弟子である明全《みょうぜん》和尚《おしょう》についていました。明全はちょうど中年期であり、また、京都のほうにいたので、「この人につきなさい」と言われていたわけです。

その後、明全が「入宋したい」ということで、道元以外にも、あと二人僧侶を連れ、さらに、陶芸《とうげい》を勉強したいという人や、薬学《やくがく》を勉強したいという人を連れ、総勢六名あまりで入宋することになります。

3　宋《そう》に留学し、曹洞宗《そうとうしゅう》に出合う

中国では、正式な僧侶《そうりょ》と認められず、足止めされる

こうして、道元《どうげん》は二十四歳で宋《そう》に渡ります。船が宋に着いて、師匠《ししょう》の明全《みょうぜん》たちはすぐに天童山《てんどうざん》に入るのですが、道元だけは三カ月くらい船のなかにとどまっています。これについては諸説ありますが、公式には、おそらく戒律《かいりつ》の問題かと思います。

私は、比叡山《ひえいざん》の問題をよく指摘していますが、当時、中国の仏教から見ると、比叡山の仏教は、本物とは認められていませんでした。「本物の仏教は奈良仏教である。東大寺《とうだいじ》のほうが本流である」ということです。

東大寺を開くとき、中国僧が行って、「具足戒《ぐそくかい》」を本式に定めていますが、比叡山のほうは、具足戒ではなく、「菩薩《ぼさつ》戒」を定めていました。そこで、中国の仏教では、「最澄《さいちょう》が開いた比叡山のほうは本物ではない。インチキだ」と言われていたのです。それが中国の仏教の常識だったのです。

明全和尚《おしょう》は、そのことを知っていました。「比叡山で受けた菩薩戒は、戒律を簡単にしたもので、言わば、大乗《だいじょう》戒である。大乗の菩薩戒は、『もう少し簡単でよいだろう』ということで、量を減らして簡単にしたものだが、宋では通じない」ということを知っていたので、東大寺のほうで、きちんと本来の具足戒も受けていたのです。つまり、〝パスポート〟を二つ持っていたわけです。

そのため、明全はすっと入れたのですが、道元のほうは、「もう大乗の時代なのだ。奈良仏教の時代は終わっている。比叡山の〝パスポート〟一本で大丈夫だ」ということで、〝パスポート〟を一つしか持たずに行ったのです。

ところが、中国の仏教から、「まだ本来の僧侶《そうりょ》ではない」と認定されてしまいます。それで、いろいろとやり取りをすることになり、認められるまで、三カ月ぐらいかかったようです。

永平寺《えいへいじ》のほうは、それをあまり認めたくないので、そうは言わず、「道元は慎重《しんちょう》な方《かた》だから、船のなかで語学の勉強に励んでいたのだ」というように言っています。

これは空海《くうかい》の古伝《こでん》に倣《なら》っているのです。空海は、青龍寺《せいりゅうじ》に入って恵果《けいか》和尚から法を継《つ》ぐ前、中国でも、一生懸命に語学の勉強をしていました。入唐《にっとう》しても、すぐに恵果和尚の下《もと》に行かず、サンスクリット語や中国語の勉強をきっちりしてから密教を習いに行っているので、それに倣って、そう言っているのでしょう。

「三カ月ほど、日本人を教えたことがある地元の人を呼び、語学を勉強した。ペラペラにならないと禅問答《ぜんもんどう》では全然通用しないので、それをやってから行ったのだ」というような言い方をしています。しかし、実際は、入山を認められずに待機《たいき》していたらしいのです。

その後、認められたのですが、天童山では、当初、中国で初めて出家した人と同じ扱いをされてしまい、道元は怒《いか》り心頭《しんとう》に発します。

「私は、日本で正式な僧侶になっている。十三、四歳ぐらいで、僧侶としてきちんと認められ、もう十年間も修行しているのだ。僧侶の資格は、地球上どこでも一緒のものだ。だから、十年間もやっている私が、今日入門した者と同じ扱いをされ、末席《まっせき》に座らされるのは許せない」というような抗議文書を一生懸命に書いて、三回くらい出したらしいのです。

最後はとうとう皇帝にまで送って、「おかしい」と言うので、「まあまあ、そこまで言うのなら」ということで、待遇を少し変えてもらえたようです。

このように、宋の時代・鎌倉期であってもまだ、比叡山での受戒《じゅかい》は、中国の仏教のほうでは本物とは認定されていませんでした。「これは正式なものではない」ということを、向こうは知っていたのです。

これには、最澄が誤解してやっていたところがあります。最澄は、「大乗になったら、大乗戒という別のものがあるだろう」と考えたわけですが、道元も、そう思っていたのです。そして、「奈良仏教のほうは小乗《しょうじょう》の戒律だろう。小乗戒など受ける必要はない」と思っていたら、入れてくれなかったので、少しショックを受けたようです。

正師《しょうし》を求めて各地を遍歴《へんれき》する

道元は、そういうやり取りをして、三カ月遅れで天童山に入ったのですが、そのときの住持《じゅうじ》（住職）は、よく知られている天童如浄《にょじょう》ではなく、無際了派《むさいりょうは》という人でした。

日本から考えると少し不思議ですが、この人は、どちらかと言うと臨済宗《りんざいしゅう》の人です。そのため、道元は、あまり〝波長《はちょう》〟が合わなかったようです。天童山に入ったときの不幸感覚もあったのでしょう。少しトラブルがあったので、すっきりしなかったのだと思います。

ただ、無際了派のほうは、道元があまりにも意見を言ってくるので、多少認めるようになっていきました。やがて、道元は、「おまえを認めてもよい」というようなことを言われるのですが、やや相性《あいしょう》が合わないというか、そりが合わない気がして、「いえ、けっこうです」と言って、辞退しています。

その無際了派が亡くなったあと、道元は、天童山を出て、正師《しょうし》を求めてほかの寺を半年ぐらい回ります。明全たちは、そのまま天童山に残っていたのですが、道元は、「どこかに本当の先生はいないだろうか。物足りないな」という感じで、ぐるぐる寺を回ったのです。

当時、中国では、臨済禅のほうが支配的というか、広がっていました。臨済禅は、いわゆる公案《こうあん》禅なのですが、公案禅をやるだけではなく、貴族や政治家とのつながりが非常に強かったのです。臨済宗の僧侶には、そういう人たちと社交する気《け》があったので、その気風が合わなかったのでしょう。少し合わなくて、どうも、もうひとつ、すっきりしなかったようです。

天童如浄《にょじょう》より「坐禅《ざぜん》中心の修行」を教わる

「いろいろな寺を回ったが、よい人がいない」と思っていると、途中で出会った僧侶が、「天童山に新しい住職が来たよ」と教えてくれました。宋の国は、皇帝の命令で住職が決まる制度になっていましたが、次に来た天童如浄和尚は、曹洞宗《そうとうしゅう》のほうの人だったのです。当時、すでに名前はけっこう上がっている人だったのですが、その人が着任しているということで、「帰ってみたらどうだ」と言われるのです。

そこで、天童山に帰り、如浄と会うと、お互いにピーンと合うものがありました。感じとしては、道元は質実剛健《しつじつごうけん》型の人で、如浄もそういう人だったので、波長が非常に合ったのでしょう。いろいろな先生に会って、誰も気に食《く》わなかったけれども、この人にはピーンと来たのです。

当時、中国の寺の住職は、皇帝の命令で来るようなかたちになっていたので、みな、金襴《きんらん》の袈裟衣《けさごろも》を着て、偉《えら》そうにしていたのですが、如浄は金襴の袈裟衣を着ていませんでした。今の永平寺《えいへいじ》は、墨染《すみぞ》めの、いわゆる黒衣《こくえ》を着ていますが、あのような質素なもので通していたのです。「私はそんなものは嫌いだ。

倹約する」ということです。

そして、只管打坐《しかんたざ》ということで、「ただただ一生懸命に坐《すわ》れ」という、厳しい指導に学風が変わったのです。そういうところに戻ってきて、道元にはピーンとくるものがあったのでしょう。

ところが、道元が天童山に帰ってきてすぐに、明全は病気になり、残念ながら亡くなります。

明全は栄西《えいさい》の弟子なので、彼が生きて日本に帰っていれば、臨済宗はもう一段の発展の可能性があったでしょう。臨済宗は、明全が亡くなってしまったため、後継ぎに恵まれず、それほど繁栄を見なかったように思います。そして、臨済系の明全の下《もと》で修行した道元が、曹洞宗のほうに変わるので、その後、こちらのほうが力を持って、広がったのです。

話を戻しますが、一つの寺で、臨済宗になったり、曹洞宗になったりすると
いうのは少し変わった感じがしますが、如浄は非常に厳しく、新規の弟子入り
をほとんど認めないような厳しさだったようです。外をふらっと回って天童山
に戻ってきた道元が、弟子に入れてもらえたのは不思議なぐらいですが、お互
いに波長が合ったのでしょう。

如浄の指導は、どのようなものだったかというと、「とにかく坐禅である」
ということです。「まず坐禅に専念せよ」というような考えです。それで、寺
の空気がピーンと張り詰めたものに急に変わり、厳しい感じになって、チャラ
チャラしたものがなくなったのです。

普通、寺の住職は、誰かが、手土産《てみやげ》として、お金や物品を持ってくると、喜んで受け取ります。それが当然と思い込んでいるのです。寺の経費にもなるのでもらうわけですが、如浄は、そういうものは受け付けないタイプで、持ってきたものをはねつけて、返してしまうような人だったのです。そういうところが、道元には波長が非常に合ったのでしょう。

そういうことで、道元は、「坐禅中心の修行」をここで教わっています。同じ寺ですが、人が変わるとガラッと変わっていたのです。これが、道元には非常によかったようです。

4　道元《どうげん》が悟った「身心脱落《しんじんだつらく》」の境地とは

宋では、抽象《ちゅうしょう》観念の会話に難儀《なんぎ》したと思われる道元《どうげん》

修行の中身は、どのようなものであったのでしょうか。

道元《どうげん》は二十四歳で天童山《てんどうざん》に入り、しばらく外に出てほかの寺を回り、また天童山に戻ってきて、最後、日本に帰ったときは二十八歳だったので、天童山には三年数カ月、宋《そう》には四年ぐらいいたわけです。それで、「印可《いんか》」という、悟

りの認定を与えられるわけです。

では、悟りの内容がどういうときに、印可を与えられたのでしょうか。

道元のときの悟りとして有名なものは、「身心脱落《しんじんだつらく》」という言葉で言われていることです。「身《み》も心《こころ》も脱落した」ということです。脱落という言葉は、当時、「とつらく」と読んでいたらしいのですが、今は通じないので、「だつらく」と読みますけれども、道元は、「身心脱落の境地に達した」ということで、印可を与えられるのです。

ここで少し問題があります。

道元は、はじめ中国に着いたとき、三カ月ほど、船のなかにとどまりました。

それには、「語学の勉強をしていた」という説もあるのですが、そのとき、禅宗の有力な寺の一つである阿育王山《あいくおうざん》から、寺の典座《てんぞ》（食事の責任者）をしている六十一歳の僧侶が、「日本から船が来た」ということで、わざわざ二十キロ近い道を歩いて、干し椎茸《しいたけ》を買いに来たのです。

「明日は端午《たんご》の節句《せっく》だから、僧たちに麵汁《めんじゅう》をごちそうしたい」ということで、「日本の干し椎茸が手に入るのではないか」と思い、二十キロも歩いて、やって来たわけです。麵汁というのは、うどんやそばのような麵類のことです。

道元は、船のなかで、その老僧と会って話をし、感激します。そして、お茶を出して、「今晩、泊まっていきませんか。もっと話がしたい」と言うのですが、「明日の朝から仕事があるから、帰らなければいけない」と言うのです。

そこで、「あなたのような六十一歳にもなる人が行かなくても、食事をつくることぐらい、ほかの人ができるでしょう」と言うと、その老僧は、「駄目《だめ》だ。私は責任者なのだ。私がやらなくて誰がやる」と答えたのです。

そういう話をしたことになっていますが、言葉が通じないので、実際は筆談をしています。一般には、「道元の語学力は非常に高かった」と言われていますが、その時点では、筆談をして、意見を通じているのです。

そのあと、二年ぐらい経《た》って、中国語はかなりできるようになったでしょうが、所詮《しょせん》、留学なので、言葉には、もうひとつ不自由なところがあったのではないかと思われます。

というのは、彼が感激して語っているものは、ほとんど、目に見える具体的なものばかりだからです。典座という、台所の係の人の教えから始まり、食器、作法、体の置き方など、目に見えるものばかりを一生懸命に細々《こまごま》と書いています。目に見えるもののほうが中心なので、もしかしたら、観念《かんねん》のほうの理解は、語学的に少し厳しかったのかもしれません。

「抽象《ちゅうしょう》観念でのやり取りは少し難しくて、具体的なものに関しては理解できる」という感覚は、私も二十代のときにアメリカへ行っていたことがあるので、感じとしては分かります。

具体的なものが分かるというのは、一般には、日常会話のレベルです。日常会話での「これを一つ」とか、「もっと」とか、「大きく」とか、「お釣りはいくら」とかいう具体的なことは、よく分かります。しかし、抽象会話はすぐにはできないのです。

具体的なものに関する日常会話はすぐにできるようになりますが、抽象観念の交換は、教養のレベルによるため、相手と教養レベルが合わない場合は、だいたい通じないのです。こういう困難は、英語か中国語かという違いはあっても、似たようなものでしょうから、道元にもあったと思われます。

最初、筆談していた状態からの語学力の発達を見ると、道元には、かなり語学力があったと思われますが、やはり、言葉でのやり取りには難儀《なんぎ》したのではないでしょうか。

「身心脱落」は「心塵《しんじん》脱落」の誤解ではないか

道元の悟りのところに話を戻しますが、仏教学者のなかには、この「身心脱落」という言葉を疑っている人もいます。これについては、以前の説法でも述べたことがあります（『信仰告白の時代』〔幸福の科学出版刊〕第4章「悟りの復権」参照）。

つまり、「身心《しんじん》」ではなく、「心塵《しんじん》」という言葉ではないかということです。「心塵を脱落する」「心の塵《ちり》を落とす」というのなら、意味はすっきりと通ります。おそらく、そうでしょう。「坐禅《ざぜん》はすべからく、心塵脱落なり」「心の塵を落とせ」というなら、誤解のしようがないぐらい、すっきりした意味合いになるのです。

はたして、道元は、心塵と身心とを中国語で聞いて、違いが分かったのでしょうか。

「心の塵のことではないか」と言っていた仏教学者は、その後、曹洞宗《そうとうしゅう》からの批判がかなりきつかったため、声が小さくなっていきました。もし、道元の悟りの確信のところが間違っていたら、大変なことなので、「そんなことはない」とずいぶん言われたようです。それで、「中国人にしゃべらせてみたが、区別がよく分からなかった」などと言って、逃げ始めたようです。

ただ、天童如浄《にょじょう》の語録を読むと、「しんじんだつらく」に当たる言葉はありますが、そこには「心塵」と書いてあり、それ以外の漢字はありません。同じ言葉に対して二種類の漢字を当てるとは考えにくいし、中国人が如浄の言葉を聴いて、語録として「心の塵を脱落する」と記録したわけですから、やはりこれは、「道元が聞き間違えたのではないか」と推定するのが率直なところでしょう。

「心塵脱落」というのは非常に単純な教えです。「心の塵を落とす」というと、まるで、神秀《じんしゅう》対慧能《えのう》の話に出てくる、神秀の悟りのようです（『大悟の法』〔幸福の科学出版刊〕第3章「仕事能力と悟り」参照）。

当時、道元が天童如浄にいろいろと質問して、聴いたことを書いたノートが遺《のこ》っています。『宝慶記《ほうきょうき》』というものですが、それを見ると、道元が身心脱落について訊《き》くと、如浄は、「五欲《ごよく》を離れ、五蓋《ごがい》を除くこと」という言い方をしています（注。普通は五蓋と言うが、如浄は一つ加えて「六蓋」とも言っていた）。これであれば、心の塵を落とすという伝統的な修行と、ほとんど変わりません。同じです。

五欲には、二通りの意味があります。一つは、「色《しき》・声《しょう》・香《こう》・味《み》・触《そく》に対して起きる、五つの感覚欲」という意味です。もう一つ、違う意味として、「財欲・色欲《しきよく》・食欲・名聞欲《みょうもん》・睡眠欲」のことを言う場合もありますが、眼《げん》・耳《に》・鼻《び》・舌《ぜつ》・身《しん》という五官《ごかん》の欲のことを、五欲とよく言うのです。

それから、五欲には入っていない、五蓋あるいは六蓋とは何でしょうか。これには、惛眠蓋《こんみんがい》（睡眠欲）や掉悔蓋《じょうけがい》などが入っています。掉悔蓋とは、心が上下するようなことです。いわば躁鬱《そううつ》です。みなさんも躁鬱になることがあるでしょう。パーッと興奮したり、落ち込んだりするような躁鬱も、心の蓋《ふた》であるということです。

「睡眠を貪《むさぼ》ったり、惰眠《だみん》を貪ったり、心が上がり下がりしたりすることもいけない」というのが、五蓋のなかに入っているわけですが、こうした肉体感覚に基づくものや欲望をさらっと落とすことを、如浄は説いていたと思われるのです。

しかし、道元は、それを「身も心も脱落する」と聴いたわけです。ただ、そう聴くには、それだけの根拠はあります。

なぜ、「心塵」を「身心」と捉《とら》えてしまったのか

なぜ、彼は、そう考えたのでしょうか。仏教では、「色心不二《しきしんふに》」と言います。「色《しき》」とは肉体のことであり、「心《しん》」とは心のことです。つまり、「肉体と心は二つではなく、一体である」ということです。

ですから、彼は、頭のなかでは、「仏教は色心不二を説いているから、身と心は一体である」と考えていたはずです。

そこで、「しんじんだつらく」を、「心の塵を脱落する」と捉《とら》えずに、「身も心も脱落する」と捉えてしまったのでしょう。これは、一種の誤解と言えば、

誤解です。異文化コミュニケーションによる誤解なのですが、ただ、それで〝ワープ〟して、非常に異次元的な悟りがそこに発生したのです。

ここで、独創的な悟りに変わるわけです。「心の塵を払う」というなら、伝統的な仏教ですが、「身も心も脱落する」というなら、これは〝すごい〟です。

私が考えるに、身も心も脱落するというと、麻薬《まやく》などをやったときの感覚に近いかもしれません。私には経験がありませんが、麻薬などをやっている人は、「体から何かが溶《と》け出すような感じになり、世界がグニャグニャとなって極彩《ごくさい》色《しき》に見えてくる。肉体から抜け出すようになって、すごく変容する」と言っていますが、身心脱落は、そのようなものに近いのかなと思うのです。

実際、昔から、インドで坐禅をする人のなかには、マリファナ系の麻薬をやる人がけっこういます。山の岩場に行って、坐禅をしているかと思ったら、麻薬をやっているのです。

そうすると、陶酔《とうすい》状態になり、この世から出ていって、違う世界が見えるらしいのです。また、いろいろなものが来て、その姿が見えるらしいのです。確かに、一種の霊体質になって、幽体離脱《ゆうたいりだつ》現象のようなことが起きるのだろうと思います。

そういうことは、昔から、あることはあります。オウム真理教も少しやっていましたが、そういう現象がないわけではなく、本当にあるのです。

ですから、「身心脱落は、もしかしたら、そういうものに近いのかな。ルーツ的には、ないわけではないかな」という感じはするのです。

手と足の組み方が、釈尊《しゃくそん》の時代とは逆になっている道元禅

身も心も落ちるというのは、言葉として見たら、非常に変わった悟りです。ただ、ここにはもう一つ、考えてみると、「ああ、なるほど」と思うことが私にはあります。

道元は、日本に帰ってから、坐禅をあまねく勧めるということで、『普勧坐《ふかんざ》禅儀《ぜんぎ》』を書き、坐禅の作法について非常に細かく述べています。この『普勧坐禅儀』や『宝慶記』にある、如浄から教わった坐禅の作法の部分を見てみると、心塵脱落を、「身も心も落ちる」と理解した理由が分かるのです。

それは、「坐禅のときに、心をどこに置くか」という一つの考え方のところで、頭の上に置く人もいれば、眉間《みけん》に置く人、胸に置く人、臍下丹田《せいかたんでん》（へその下あたりの下腹部）に置く人、足のほうに置く人もいて、坐禅の流派によって違いがあるのですが、天童如浄は「心を手の上に置け」と教えているのです。

また、道元禅は、結跏趺坐《けっかふざ》をして、あるいは半跏《はんか》趺坐でもよいのですが、それから、手で法界定印《ほっかいじょういん》をつくります。

このやり方は、如浄に教わったとおりには一応なっているのですが、道元禅では、足を組むとき、左足のほうが上に来ます。まず右足を組み、そのあと、左足を上げて、左足のほうが右足より上に来る組み方をするわけです。また、法界定印による手の組み方ですが、道元禅では、左足の上に右手の甲《こう》を置き、その上に左手を載せて、親指をくっつけるというかたちになります。

要するに、「左足が上に来て、左手が上に来るというスタイルで坐《すわ》りなさい」という教え方をしているのですが、これについてコメントすると、実は、インドの釈迦《しゃか》の坐法《ざほう》とは正反対なのです。引っ繰り返っているのです。

釈迦の坐法は逆であり、結跏趺坐をしたとき、右足のほうが上に来ます。法界定印も、右手のほうが上に来るのです。道元禅は、まったく正反対で、引っ繰り返っているのです。

実際にインドの仏像を見ると、今述べたように、すべて右足・右手のほうが上になっています。これは間違いありません。例外は一つもないのです。

なぜ、右が上だったのに、左が上になったのかというと、仏教が中国に来てから変わったのです。天台智顗《てんだいちぎ》が『天台小止観《しょうしかん》』を書いたときに、左が上になるやり方を書いたので、それで、そのあと、左が上になったのです。

実際は、どちらでも同じです。どちらが上になってもよいのです。

ただ、やってみると、やはり、右が上のほうが坐りやすいのです。これは、右利《き》きの人が多いからでしょう。右が上のほうが楽であり、左を上にすると、足が少し窮屈《きゅうくつ》な感じがします。右が上になったのは、おそらく、右利きが多いからだろうと思います。そういうことで、右左が正反対になっています。

「修行とは坐禅であり、只管打坐《しかんたざ》である」「坐禅が悟りなのだ」と言って、そこまでかたちにこだわっていた以上、「坐禅のスタイルが間違っている」などということになったら、実際は、大変な致命傷《ちめいしょう》になります。しかし、それで、やれたわけですから、それに気がついていないところが〝幸福〟だったと言えます。

道元が悟った「身心脱落」の真相

道元が如浄から教わったのは、「結跏趺坐あるいは半跏趺坐をしたときには、左足が上。法界定印を結んだときは左手が上」というスタイルであり、これで坐禅をするわけですが、このとき、心をどこに置くかというと、法界定印を組んだ左手の上に心を置くのです。如浄は道元にそう教えています。

心を玉のようなものと考えれば、如浄は、「左手の掌《たなごころ》の上に、水晶の玉のような心があると考えて、坐禅せよ」と教えているわけです。

そのように、心は丸い玉のようなものだと考えると、それが脱落するというのは、どういうことでしょうか。要するに、丸い玉がポタッと下に落ちることを想像すると、「心が落ちる」ということでしょう。こうしたことを言った人はいないので、これは私の独創的な見解です。まだ誰も言っていません。

手の上に心を置くということですから、心を〝落とす〟ことは可能です。〝脱落する〟ことはありうるのです。

そうすると、身心脱落というのは、「色心不二で、身と心は一体であるから、心が脱落するなら、体も脱落する」ということでしょう。「手の上に置いた真ん丸い心が落ちたら、体も落ちる」というのが、身心脱落であるわけです。

これで、論理的にすべて解明できたと言えましょう。ここまで考えると、「ああ、こういうことだったのか」ということが、だいたい分かるでしょう。

道元は、手の上に〝玉〟を置いてずっと坐禅をしていて、あるとき、その玉がストーンと落ちていく感覚があったのでしょう。サーッと落ちていき、何かがスーッと抜けるような感覚があったのだろうと思います。

道元が、それについて如浄に話したところ、如浄は、それを「心の塵が落ちる」という状態のほうに理解しました。しかし、どうも、道元は、「玉が落ちる」という状態のほうに理解していたように、私には見えるのです。

微妙な意味の違いを生んだ語学の壁

天童山では、明け方や夜中等に厳しい坐禅修行をするのですが、睡眠時間が短いために、みな、やはり、こっくりこっくりと寝てしまいます。あるとき、道元の横に坐っている僧がこっくりしていると、如浄が来て、怒《おこ》りました。昔のほうが激しく、如浄も激しい性格だったのですが、彼は、履《は》いている靴《くつ》を脱いで、その僧侶の頭を叩《たた》き、「坐禅のときに居眠りするとは何事であるか。坐禅はすべからく、心塵脱落なるべし」と言って、厳しく叱《しか》ったのです。

道元は、「それを聞いて、はっと悟った」ということで、そのあと、先生である如浄の部屋へ行きます。

如浄が「どういうことか」と問うと、道元は「身心脱落いたしました」と答えました。すると、如浄は「そうか。分かった」と言って、認定してくれたのです。道元が「しかし、先生、そんなに簡単に悟りを証明してはいけません。慎重《しんちょう》に行ってください」と言うものの、如浄は「いや、大丈夫だ。『心塵脱落、脱落心塵』で認める」というように語ったのです。

これが、本当は違う意味で、お互いに誤解していたのだったら、すごいことです。如浄は、「安易に悟りを認めたわけではない。大丈夫だ」と言って、道元に印可を与え、さらにその後、後継者の証として嗣書《ししょ》を与えたのですが、語学の壁があったのでしょう。

最初、船のなかで筆談したときだったら、間違わないのですが、そのあと、語学を勉強し、「口が立つようになったから大丈夫だ」と思って、口で言ったため、分からなかったわけです。「自分の悟りを書いて提出し、師匠《ししょう》が添削《てんさく》する」というかたちだったら、終わりだったと思います。

ということで、道元は、「悟りを開いた」ということで認定されたわけですが、道元禅は、如浄のかたちを受けているものの、微妙に意味の違いがあるように思います。

5 「かたち」にこだわりすぎる禅宗《ぜんしゅう》の問題点

なぜ、仏教の伝統に反して、目を開けたまま坐禅《ざぜん》するのか

今、「左と右が逆になっている」という言い方をしましたが、ほかにも、「目」が違います。「坐禅《ざぜん》のときに、目を開けるか、閉じるか」というのは、非常に重要な問題だろうと思います。

インドでは、瞑想《めいそう》するとき、ほとんど目を閉じています。それから、仏教が

中国に入ってからも、ずっと、目は閉じています。

ただ、如浄《にょじょう》の少し前ぐらいに、「薄目《うすめ》を開けても構わない」という、消極的な禅の本が出て、それ以降、目を開けて坐禅をするようになっていったのです。

今の曹洞禅《そうとうぜん》も目を開けますが、栄西《えいさい》が学んできた臨済禅《りんざいぜん》も、やはり、目を開けています。ぱっちりではなく、半眼《はんがん》ですが、目を少し開けて一メートルぐらい前のところを見るのです。そのように、栄西も道元《どうげん》も、「目を開けて坐禅する」というやり方を学んできたのです。

しかし、伝統的には、目は閉じていました。なぜかというと、目を開けると、外界のものが目に入り、気になるからです。いろいろな人が動いたり、景色《けしき》が見えたりして気になるため、目を閉じて坐禅をしていたのです。

では、なぜ、目を開けて坐禅をするようになったのでしょうか。右と左が途中で入れ替わったのと同じように、目を閉じていたのが途中から開けるようになったわけですが、それは、睡眠時間が短いからです。坐禅の指導で睡眠時間を短くしているため、目をつぶると、みな寝てしまうのです。そこで、目を開けさせたのだと思います。

道元留学時の生活時間を見ると、夜の坐禅というのがあり、就寝は十一時頃です。十一時頃に寝て、起きるのは二時半から三時の間です。早い人は、二時半から三時に起きて、三時か三時半頃にはもう坐禅に入るわけですから、睡眠時間は、三時間半から四時間ぐらいしかありません。

みなさんも、この睡眠時間で朝の三時から坐禅をしたら、寝るでしょう。しかも、坐禅が終わってから朝ご飯なので、朝の坐禅をしているときには、朝ご飯はまだ食べていないのです。

十一時に寝て、二時半ぐらいに起きて坐禅を組んだら、普通は寝るでしょう。したがって、「目を開けていなさい」と言うのが、当たり前かもしれません。要するに、「目を閉じたら寝てしまうから、目を開けていなさい」という指導なのです。

ただ、如浄自身は、それを分かっていたところがあって、「初心者は、目を開けて坐禅をすべきだ」と言っているのですが、一方では、「四十年も五十年も坐禅をやり、居眠りをしたり姿勢を崩《くず》したりしない人は、目を閉じてもよい」ということも言っています。

ただ、四十年、五十年というと、如浄は亡くなるとき、六十五歳でしたから、そのくらいしていますが、道元の年齢から見たら、できるわけがありません。当時、二十代だったため、結局、目を開けて坐禅をすることになったわけです。如浄は、「坐禅を長くやり、姿勢が崩れない人や寝ない人は、目を閉じてもよい」と教えていましたが、道元は、日本に帰ったとき、目を開けてやる坐禅を始めました。

この意味は、睡眠時間から見ると明確です。目を閉じたら寝るからです。即寝てしまうので目を開けたわけです。そのように見えます。

目を開けて面壁《めんぺき》するスタイルは、精神衛生上あまりよくない

かたちを非常に重視した禅宗ですが、伝統的なものから見ると、いろいろなものがかなり変わっています。年月も経《た》っているし、地域も変わっているし、人も違っているので、それは当たり前のことではあるでしょう。

例えば、日本の僧侶は、墨染《すみぞ》めの黒衣《こくえ》を着ていますが、インドでは、柿色《かきいろ》の衣を着ています。オレンジ色に近い黄色に染めていたのが、日本では黒になっているわけです。

前述したように、右と左も変わりますし、目を閉じていたのが、開けるよう

にもなっています。ずいぶん、いろいろと変わってきているのです。ですから、教えのほうもいろいろと変わってくるはずです。

そういう意味で、目を開けて坐禅をしても構わないとは思います。

ただ、少し不思議に思うことがあります。

永平寺《えいへいじ》では、坐禅する場所はどうなっているかというと、真ん中は、警策《きょうさく》でパシッと肩を叩《たた》く人が歩けるようになっていて、その両側は、膝《ひざ》ぐらいの高さのところに小さな畳《たたみ》が敷かれています。その畳の上に、壁に向かって坐《すわ》るのです。

面壁《めんぺき》するのは、達磨《だるま》もそうだったかもしれないし、天童山《てんどうざん》もややそれに近いかたちでやりますが、非常に近い距離で壁に向かいます。そして、目を開けて、壁の穴を見るのかどうかは知りませんが、壁を見るのです。

これに関して、以前にも述べたことがありますが、インドの修行者を見る限り、景色のよいところで禅定をしているので、もともとは、「壁に向かって」という感じではなかっただろうと思われます。景色のよいところへ行き、景色を見ながら次第に目をつぶって、瞑想に入っていたものと推定されるのです。

私も、壁に向かって瞑想はしません。「なぜしないのか」と自分でも考えてみたのですが、私の場合、指導霊たちが現れてくるので、目の前が壁だったら、現れようがないではありませんか（笑）。

霊にとっても、壁のなかに入って、何かを言うのは大変です。少し空間をつくってもらわないと困るわけです。

ですから、私の場合は逆です。目の前に空間がないと困るのです。そこに指導霊たちが現れてくるのです。もし私が壁に向かっていたら、壁のなかから、どうやって出てくればよいのでしょうか。厳しいと思います。

やはり、それは反対でしょう。もう少し目の前に広がりがないといけません。その意味では、縁側《えんがわ》などに坐って、庭に向かっても構わないわけです。それであれば、現れてくるのは簡単でしょう。

ちなみに、栄西のほうの臨済禅は、看話禅《かんなぜん》であり、公案《こうあん》を出して対話をしたりするので、修行者たちは向かい合って坐ります。

そのように、スタイルにはいろいろありますが、道元禅の「目を少し開けて、壁に向かって坐る」というのは、全体的には、精神衛生上あまりよくないように私には見えます。

道元禅に全体的に流れている「強迫《きょうはく》神経症のような細かいこだわり」は、このあたりからあるのではないでしょうか。

道元がもともと、『普勧坐禅儀《ふかんざぜんぎ》』を書いて坐禅を勧めたとき、「坐禅は、安楽《あんらく》の法門《ほうもん》であり、心が安らぐ」と述べています。そうであるなら、もう少し、安らぎ方というのはあるので、そこまでこだわるのは少し違うのではないでしょうか。

実際、道元禅は、伝統的なやり方とは違って、目は開けるし、手と足の位置関係も逆になっています。「逆をやってもよい」ということですから、スタイル自体は、本当は、それほどこだわりがあるものではないのです。

ここのところは指摘しておかなければいけないでしょう。

道元の師・如浄は、釈尊《しゃくそん》の教えを汲《く》み、神秘体験もしていた

身心脱落《しんじんだつらく》は、おそらく、「掌《たなごころ》の上に置いた〝玉〟、つまり、心が落ちる」というイメージだったと推定します。それが私の考えです。

そして、道元は、如浄と対話したとき、「五欲《ごよく》を除くだけなら、小乗《しょうじょう》の教えや、昔からある天台教学《てんだいきょうがく》と変わらないではないか」ということを訊《き》いているのですが、如浄は、「そもそも釈尊《しゃくそん》の教えは、小乗・大乗《だいじょう》を問わず大事なものだ。仏祖《ぶっそ》の教えを否定してはいけない。小乗か、大乗かという考え方をせず、きち

んと心の塵《ちり》を除きなさい。それについて小乗・大乗は関係ない」というように答えています。

道元に伝わった禅は、もちろん、大乗のほうの禅であり、流れから言えば、頓悟禅《とんごぜん》です。頓悟禅の祖・慧能《えのう》は、「心の塵を落とすのはバカバカしい。一切は空《くう》だ」と言って、蹴《け》ってしまった人ですが、その頓悟禅の流れのなかにある如浄は、「それは違う」という言い方をしているのです。

慧能を否定しているわけではありませんが、如浄は、「『一切は空であり、煩《ぼん》悩《のう》はない』という言い方をしたら、悪魔の教えになるぞ。そんなことをしたら、一切の修行が要《い》らなくなってしまうではないか。仏祖・釈尊の教えを否定してはいけない。一つ欲を除き、一つ塵《ちり》を除けば、その分だけ進歩するのだ」というような言い方をしていて、元に戻っているのです。

意外に、如浄の教えは小乗的です。もともとの仏教のようなところも持っていて、考え方としては、きちんとできていたのです。大乗で、空の流れを経《へ》ている坐禅であるのに、そのあたりはしっかりしていたわけです。

これが道元にも一応入っているので、道元禅は、やや大乗の禅ではあるのですが、少し小乗っぽいところもあります。このあたりも、意思の疎通としては、もうひとつだったのかなと思います。

ただ、如浄が道元に対して、「心の誤りを一個一個きちんと除くことが大事である。それを無視して、『一切煩悩はない』と否定するような考え方は間違いだ」というように説いていることは、私は評価します。これは、よいことです。これをしなければ、坐禅というのは、電信柱が立っているのと変わりません。石が坐っているのと変わりません。如浄は、そのことを一応分かっていたわけです。

それから、如浄は、道元を指導しているとき、「あなたは、坐禅の心境が進んできているから、もうすぐ、いろいろな経験をするだろう。禅のなかで、奇《き》瑞《ずい》というか、めでたい徴《しるし》を味わうだろう。坐禅中、あるときには、馥《ふく》郁《いく》たる香りが漂ってくることがあるだろう。あるときには、目の前に油がしたたってくるように光ってくる光景を見ることがあるだろう」ということを言っています。馥郁たる香りというのは、霊香《れいこう》のことです。坐禅中に、天国の香りをかぐようなことがあるということです。

こういうことを言っている以上、如浄は、坐禅中、何か恍惚《こうこつ》体験をしていたのでしょう。小恍惚感か、大恍惚感かは分かりませんが、何か、そういう至福《しふく》の感覚を得ていたのだろうと思います。語っていることを見ると、霊界との交流を経験した人なのだろうと思うのです。

霊体験のない道元、「因果《いんが》の理法《りほう》と来世《らいせ》」を確信していた如浄

一方、道元自身は、どうも、一生を通じて霊体験がなかったと思われます。ここに、悟りの限界があったのではないでしょうか。霊体験らしいものが見当たらないのです。

如浄の教えを読むと、あの世についても明確に肯定しています。「あの世を否定する教え、来世《らいせ》を否定する教えは、仏教ではない。これは外道《げどう》の教えである」ということをはっきりと言い切っています。

にもかかわらず、今、曹洞禅の流れを汲《く》んでいる人のなかには、あの世を否定したり、霊魂《れいこん》を否定したりする人が大勢います。日本の曹洞宗は、道元型を中心にしていったわけなので、そこから唯物論が流れ出たのだと思います。

しかし、如浄は、「来世を否定する教えは仏教ではない。外道の教えである」と、はっきりと言い切っています。なぜ、そう言い切れるかというと、それは「因果《いんが》の教え」と関係があるからです。

仏教の教えとは、因果の理法《りほう》です。因果の理法は、この世だけで見ると、完結していません。それは当たり前のことです。この世を見ていて、「善人はみな幸福になり、悪人はみな不幸になるか」というと、必ずしも、そうはなっていないでしょう。悪人なのに、金儲《かねもう》けをして贅沢《ぜいたく》ができ、それで終わって死ぬ人もいれば、善人なのに、かわいそうな死に方をする人もいます。

ですから、この世だけなら、因果の理法は絶対に完結しません。誰が言ったとしても、嘘《うそ》だと思うでしょう。悪人でも、強欲《ごうよく》だったら成功することもあるし、善人でも、貧しく病気になって死ぬ人も大勢いるのです。

「あのような死に方をしたから、悪いことをしたのか」といっても、そんなことはしていないという人はたくさんいます。よいことをしたのに、最後は、交通事故に遭《あ》って死ぬ人もいるのです。

「善因善果《ぜんいんぜんが》・悪因悪果《あくいんあくが》」あるいは「善因楽果《らくが》・悪因苦果《くが》」というのは、この世だけで見たら完結していません。誰が見てもそうなのです。これが完結するためには、絶対に来世がなければいけません。来世がなければ、話としては通じないのです。この世だけで見る限り、客観的に見て、因果の理法は完結しないのです。

それで、宗教はみな、来世を持ち出してくるわけです。

例えば、この世でよいことをしたイエス・キリストは磔《はりつけ》になりましたが、それで終わりだったら、バカみたいです。磔になって死に、それで一切が終わりだったら、罪人と同じかたちになるので、何をしたか分かりません。あの世があるから、この世でしたことが活《い》きてくるのです。

因果の理法を肯定する以上、来世がなかったら困ります。如浄は、そういうことをはっきりと語っています。道元も、それは頭では理解していました。心でどこまで理解していたかは分かりませんが、頭ではきちんと理解していたのです。

曹洞宗の僧侶に、唯物論者が多い理由

しかし、道元禅を学び、そこから唯物論を出す人が大勢いるので、今、私は困っています。曹洞宗系の大学で勉強した人のなかには、その後、寺の住職になる人も多いのですが、大学では、学長とか先生とか、〝偉《えら》い〟人が、「仏教は

無霊魂説だ」などと一生懸命に教えているので、「これをどうしようか」と思って、私も困っているのです。

彼らは、「死んだら何もない」と思っているから、お墓がたくさんあっても平気なのでしょう。寺で坐禅をしていても何も感じないわけです。「幽霊なんか来るわけがない」と思っているから、平気で寝られるのでしょうが、それはそれで幸福なのかもしれません。

ただ、そう思いつつも、それでは、唯物論者の外科医が頭蓋骨《ずがいこつ》を並べて喜んでいるのと同じです。「死んだら何もない。カルシウムの塊《かたまり》だ」と思えば、頭蓋骨があっても平気でしょう。ただ、「魂がある」と思ったら、怖《こわ》くなってくるだろうと思います。

要するに、日本の曹洞宗系は、どうも、そういう教え方をずっとしてきたようなのです。道元禅のなかから引っ張り出して、やっているのですが、道元の悟りには、霊界や霊的なものまでいっていない部分があって、その部分が流れ出してきているわけです。

道元の「修証一如《しゅしょういちにょ》」の考え方の問題点

如浄は、一応、霊体験というか、神秘体験をしています。一方、道元は、神秘体験をしていません。そのため、禅と言えば、普通、悟りを求めるものと思うでしょうが、本当のことを言うと、道元禅はあまり悟りを言わないのです。

なかには、「道元の禅は、悟りを否定した」とまで言う人もいます。その根拠は何かというと、道元の「修証一如《しゅしょういちにょ》」という考え方です。道元は、「修行と悟りは同じである。別のものではない」ということをやたらと言うのです。「修行と悟りは同じだから、修行に入ったら、もう悟ったのと同じだ」ということで、何だか天台本覚《ほんがく》思想によく似ているような感じがします。

さらに言うと、「発心《ほっしん》して出家した段階で、もう仏陀になったのと同じだ」というような言い方までしています。これを見ると、「あれあれ、道元よ、どうしたのか」という感じです。最初、比叡山で修行したとき、それで困ったのではないでしょうか。それなのに、「出家した最初の日に、悟りを得たのだ」というような言い方を繰り返すのです。

残念ですが、これは「語るに足らず」です。やはり、少し届いていないように見えます。悟っていないように感じられるのです。

結局、これで見ると、道元の悟りとは何だったのでしょうか。それは、「本《ほん》来本法性《らいほんぽっしょう》、天然自性身《てんねんじしょうしん》」です。分かりやすい言葉で言えば、「みな、金剛石《こんごうせき》、ダイヤモンドだ」という言い方に捉《とら》えてもよいでしょう。ただ、ダイヤモンドも、切り出したばかりの原石は、汚れたりしていて鈍《にぶ》いので、それほど光っていません。磨けば光るわけです。

これは、道元によれば、「一生、修行を続けることが大事である。修行も悟りも同じなのだ。その代わり、修行は、終わりなく、ずっと続くものである。昔の仏も修行を続けていた。如来であるということは、修行を続けているということなのだ。つまり、『なぜ悟った人は修行をするのか』ではなく、修行を続けているから、悟った人なのだ。修行を続けているから、如来であり、仏なのだ」という言い方になるわけです。

要するに、「ダイヤモンドの原石を切り出したままでは、光はないけれども、いつも磨いていれば、光っている」「原石がある。磨けば光る。放っておけば埃《ほこり》がたまり光らない。だから、ずっと磨き続ければよいのだ」というのが、道元の悟りでしょう。

もとのダイヤモンドを光らせる方法はないのです。そうではなく、埃を取るというか、「磨き続ける」ということを言っているわけです。

このレベルであって、本当の意味において悟っていなかったからこそ、道元禅は広がったと思われます。というのは、誰でもできるからです。内容があり、悟りを得るのが非常に大変なことになったら、誰もが悟りを得られるわけではなくなります。それは〝大変な〟ことでしょう。悟っていない人ばかりになってきます。

しかし、これなら悟らなくてよいので、誰でもできます。「悟りを求めて修行しているスタイルが悟りである」と言うなら、みな、できるのです。

確かに、永平寺的に黒い衣を着て、頭を坊主にし、坐禅のスタイルを取って面壁している後《うし》ろ姿を見たら、誰が誰かは分かりません。そういう意味では、黒蟻《くろあり》の軍団のようです。「〝蟻〟に仏性《ぶっしょう》の差がありやなしや」と言われても、分からないでしょう。みな真っ黒の衣を着て、集団で動くので、そう見えるのです。

このように、「中身」についてあまり言わず、「スタイル」だけ言うと、みな同じになってくるのです。

そういう意味では、悟れていないからこそ、広がったところはあります。悟れなくても、スタイルを学べたら、住職ができるというところがあります。

ただ、道元は、地獄に堕《お》ちているわけではありません。偉かったのは、精神力のようなものを求めたところでしょうか。悟りに入る入り口ですが、それを広めたところはあります。

「スタイル」だけをまね、「悟り」までいっていない日本の禅宗

明治時代、日本が軍隊をつくるとき、まず永平寺を研究しています。軍隊が永平寺のやり方をまねたというのは、永平寺を見ればよく分かります。軍隊では、まず、かたちをつくり、指揮命令系統をピシッとさせ、下の人たちは、上の人の言うことをきいて、作法どおりにすることが大事ですが、これは永平寺のスタイルを入れたのです。

軍隊にすぐ適用できるというのは、やはり、「かたち」を重視しているからでしょう。かたちを重視すると、集団のなかで、みなと同じようにパシッとす

るのです。

また、軍人や侍《さむらい》には精神力が要《い》ります。精神力がなければ、人を斬《き》ったり、切腹《せっぷく》したりできないのです。これが、禅が侍の間に流行《はや》った理由でしょう。

そういう意味で、レベルとしては、やや六次元に近い部分が強いのです。私には、そのように見えます。

私は、禅をやった人と、それほど多く話をしたことはありませんが、もう一方のほうの公案禅的に見ても、悟りではないことを、「ああだ、こうだ」と言って、お茶を濁《にご》す人が多いのです。公案禅の人でも悟りを得ていないし、只管《しかん》打坐《たざ》の曹洞禅の人のほうでも、悟りは得ていないように見えます。

やはり、「スタイル」をまねるところまではできても、「悟り」まではいって

●**六次元**　あの世は、心境に応じて、四次元から九次元までの次元構造になっており、六次元には、仏法真理に目覚め、仏神のことを深く勉強している人たちが集まっている。

いないのではないでしょうか。

しかし、スタイルだけを言えば、広がるわけです。曹洞宗は今、日本全国に寺が一万五千寺もありますが、その理由の一つはこれでしょう。スタイルだけであれば、二年も訓練すれば十分にできるようになるのです。たとえ左右が反対であろうとも、みんなでやれば〝怖く〟ないわけです。それで、「スタイルはできる」ということで、やっているわけです。

ただ、スタイルを守ることも大事ですが、ここはもう紙一重《かみひとえ》で、地獄に堕ちる可能性もあります。それは、禅宗だけではありません。日蓮《にちれん》宗など、ほかの宗派もみな同じです。念仏《ねんぶつ》宗であろうと、怖いところはあります。みな、極端であり、少し解釈を違えれば地獄に行くような、すれすれのところを走っているのです。ここは怖いところです。

ですから、私が言っておかなければいけないと思うのは、「大事なのは、スタイル自体ではないのだ」ということです。

6　禅は本来、「天上界《てんじょうかい》との交流」を目指していた

如浄《にょじょう》も道元《どうげん》も生前の思想について、あの世で反省している

私は、この説法をする何日か前、あの世にいる天童如浄《てんどうにょじょう》と道元《どうげん》と話をしてみました。二人に怒られるかなと思って、私はきちんと坐禅《ざぜん》のスタイルをとって話をしたのですが、二人とも言葉の切れがすごく悪いのです。どうも、すっきりしません。なぜかというと、二人とも菩薩界《ぼさつかい》にはいるのですが、少し反省し

ているのです。

なぜ反省しているかは言いませんでしたが、やはり、「あの世に還《かえ》ったら、体がない」というところではないかと思います。

あの世へ行くと、体はありません。「あの世でも坐禅はしている」と言っていましたが、あの世では手足がないので、「体のスタイルばかりを言い続けた」ということが、はっきり言って、バカにされているわけです。

ほかの霊人《れいじん》から、「あなた、手足がないのに、どうするのですか。それは、いわゆる〝ダルマさん〟です。手足がないダルマさんが、じっと坐《すわ》っているわけですね」というように言われているのでしょう。

要するに、「まだ精神性というか、思想のレベルが低いのではないか」ということで、周りから批判されているわけです。

「求道心《ぐどうしん》を広めた」「悟りを求める姿勢を広めた」というのは非常によいことだろうと思います。

ただ、「坐禅をするだけで悟れる」と考えたり、あるいは、公案《こうあん》禅のほうもそうですが、「ああ言えば、こう言う」みたいなことだけをやって、悟ったような気になったりしているのは、間違いです。わけの分からないことを言うのは、悟りとは関係ありません。悟り自体は、やはり明確なものなのです。

道元禅をやっても、本当の意味での悟りは得られないでしょう。できれば、タイムマシンに乗って、道元に『太陽の法』を献本したいぐらいです。これを一冊読んでいれば、話は違っただろうと思います。

やはり、悟りにはきちんと中身があります。ところが、中身がないと、かたちばかりになっていきます。そういうところがあるようです。

曹洞禅《そうとうぜん》の流れのなかには、無間《むけん》地獄へ堕《お》ちている僧侶もいる

この道元禅の流れのなかには、例えば、江戸時代には、良寛和尚《りょうかんおしょう》という、それなりに評価されている人もいます。個人的に心境がよかったからでしょう。子供たちになつかれるような人なので、それなりの世界に還っています。

また、曹洞禅の流れのなかには、澤木興道《さわきこうどう》という人もいます。「宿無《やどな》し興道」と言われた禅僧で、全集まで出しています。

以前、少し触れたことがありますが、この人は、「泥棒《どろぼう》のまねをしたら、泥棒になるだろう。それと同じだ。仏のまねをしたら、仏になれるのだ。つまり、坐ったら、仏になれるのだ」と言って、道元禅をさらに簡略化させて、全国に広げて回ったのですが、今、無間《むけん》地獄というところへ堕《お》ちているのです（『宗教のかたちについて』〔宗教法人幸福の科学刊〕参照）。

私は、この人の霊とも話をしました。十数巻ある全集を買って、禅の勉強をしようと思ったのですが、この人が出てきてモワーッとしてきたため、読めませんでした。無間地獄に堕ちていたのです。

これもまたテーマは同じです。「手も足もない。体もない」ということで、あの世へ行って坐禅ができないので、困っているのです。

そういうことで、心塵脱落《しんじんだつらく》を「心の塵を落とす」ととらなかったツケは来ています。本当の意味が分かっていなかったことのツケは来ているのです。

やはり、「かたちだけでよい」と思ったら、違います。

日本文化の伝統の一つにお茶がありますが、かたちだけでよいのであれば、お茶の作法と変わらないかもしれません。ある意味では、茶道《さどう》や華道《かどう》と変わらないでしょう。これらにも精神性はあります。それに少し似たレベルのものだったのかなと思います。

大衆化して広がりはしましたが、「本当は、上求菩提《じょうぐぼだい》の部分に行き切っていないのではないか」という疑問は残ります。

如浄も道元も、霊として出てきて話をしましたが、二人とも非常に恐縮していたので、私は驚いてしまいました。「強く出てくるかな。こちらも気合を入れておかないといけないかな」と思っていたのですが、二人とも、小さくなって恐縮していたのです。「こちらから申し上げることは特にありません」と言うので、おかしいなと思ったのですが、どうも、このあたりに誤解があったようです。

それでも、仏教を広げたこと自体はよいのです。

霊魂《れいこん》を信じていない僧侶は、「嘘《うそ》を教える罪」を犯している

禅宗《ぜんしゅう》をやったり教えたりしている人のなかには、あの世を信じず、「禅は無

神論・唯物論だ」と称して、スタイルだけですべてが決まると思っている人、あるいは、せいぜい、精神力を鍛えるものぐらいにしか捉《とら》えていない人が圧倒的に多いのですが、こうした人は一歩間違えると、みな地獄行きです。

私の説法を聴いている人のなかには、禅宗をやっている人もいらっしゃるはずです。もし、禅寺のお坊さんがいらしたら、大学を卒業するための答案には、「禅は無霊魂説《むれいこんせつ》である」と書いたかもしれませんが、どうか、仏やあの世、霊を信じてください。信じないと、地獄へ行きます。それは、職業倫理に反することだからです。「嘘《うそ》を教える罪」は大きいのです。

ただ、ありがたいことに、作法自体では、臨済宗も曹洞宗も、きちんと仏壇を祀《まつ》っていますし、「先亡諸霊回向文《せんもうしょれいえこうもん》」など、先に亡くなった方への回向文を唱えるというかたちで、先祖供養も行っています。

在家の人は、やはり、あの世も霊魂もあると思っていますから、供養しているわけです。信じていないのは、出家のほうです。臨済宗も曹洞宗も、在家のほうは信じていて、家では仏壇に向かって先祖供養をしています。これには、少しほっとしています。

ちなみに、曹洞宗では、仏壇の中央に釈迦如来を祀り、その左右に、道元禅師と瑩山紹瑾《けいざんじょうきん》の絵を飾っています。瑩山紹瑾は、道元から四代目に当たる人で、總持寺《そうじじ》等で禅を非常に流行《はや》らせ、曹洞宗を全国組織にした人です。この二人を「両祖《りょうそ》」として左右に置き、真ん中に釈迦如来を置いて、読経《どきょう》しているわけです。

在家のほうは、みな、普通の仏教と同じだと思って、他宗派と変わらないように、きちんと供養しているので、一応、大丈夫なようです。

危ないのは、出家のほうです。「実は信じていないが、お盆にはちゃんと上がりがあるし、法事《ほうじ》のときにもちゃんと上がりがあるから、ペロッと舌を出して、嘘をついているつもりで、供養している」というのであれば、出家のほうの人たちは、危ないのです。そのことは申し上げておきます。

坐禅するのは別に構いませんが、最後は、「悟りの問題がある」ということです。「悟りの問題、心の問題として、悟りはあるのだ」ということを知っていなければ、やはり、よくないでしょう。

仏教の中身がなくなりつつある今こそ、「本当の教え」が必要

大きな波が海から岸辺に近づいていくと、だんだん小さな小波になって、最後は、砂浜に吸い込まれて消えていきますが、私には、そのようなスタイルが、仏教の流れにも見えてきます。現代の風潮《ふうちょう》とマッチして、少しずつ少しずつ中身が落ちていっているような感じがするのです。

道元という人は、思想的には、日本では非常に大きな意味合いがあります。また、哲学者であり、詩人であり、努力家であり、立派な方ではあります。しかし、彼は、「自分は、釈迦がしたこととまったく同じことをした」と思って

いたけれども、やはり、違いがあったのです。それは天童如浄も同じです。

確かに、外見《がいけん》は、鎌倉仏教のなかでは、釈迦仏教にいちばん似ています。念仏系や日蓮宗等と比べると、外見的にはいちばん似ているのですが、中身のところは非常に難しいのです。

これは、決して道元を貶《おとし》めるつもりで言っているのではありません。立派な功績はあったし、努力もしたし、頑張ったと思いますが、「このようになってきたからこそ、新しく、本当の教えというものが必要になってきた」という使命感を、私としては強く感じるのです。

『太陽の法』『黄金の法』『永遠の法』という三部作を中心とした真理の書籍は、できれば、仏教を本業にしている人にも読んでいただきたいと思います。

これからは、間違っても、迷いを起こさないようにしなければいけません。「坐禅だけすれば、仏になれる」というようなことを言って、地獄に堕ちている人もいれば、一休《いっきゅう》禅師風に頓知話《とんちばなし》もありますが、公案禅系にも、理屈の通らないことばかり言って、人を迷わせ、地獄に行っている人もいます。

本当のものが見えないというのは、実に厳しいものだなという感じがします。

心の塵《ちり》を落とし、心が澄《す》み渡ってくると、天上界との交流が始まる

唯物論的に禅を説いたり、仏教を捉えたりする人は、ほとんどの場合、霊体験や霊感がない人だろうと思います。霊感がある人は、だいたい分かるのです。

ですから、霊感がない人が知識でやっているのでしょう。それについては、若《じゃっ》干《かん》、残念な感じがします。

そこで、述べておきたいことは、「坐禅をして精神統一をし、自分の心のなかを見つめ、心の塵《ちり》を落としていくと、心が澄《す》み渡ってきた段階で、天上界《てんじょうかい》の守護霊や指導霊と同通し始める」ということです。理論としては、そういうことです。

心のなかが、欲望やいろいろな悩みでぐるぐるしているときに来るものは、地獄の悪魔、あるいは地獄霊です。それ以外、来ないのです。ですから、そういうときは精神統一をすると、むしろ危ないです。そうならないためには、きちんと反省をして、澄み渡った心、穏やかな心、静寂《せいじゃく》な心を取り戻すことです。

そうすると、天上界と同通するような感じになってくるのです。

禅の目指しているものは、本来、ここであったはずです。

ですから、静かな環境が大事です。自分を見つめることが非常に大事です。教学をして、そのあと、静かに自分を見つめる時間を取ることが大事です。坐禅のスタイルをとってもよいし、現代的に言えば、例えば、リラックスしてソファーに座るのでもよいでしょう。

睡眠時間も削って一心に坐禅した人たちは、本当にご苦労であったし、尊《とうと》かったと思いますが、「インドの時代、釈迦は、午後に昼寝をしていた」ということを知ったら、彼らはショックを受けることでしょう。

仏像のなかには、寝釈迦像《ねしゃかぞう》、英語では、リクライニング・ブッダと言われるものがあります。これは、釈迦が右腹を下にして、右手で頭を支えながら寝ている、特異《とくい》のポーズをした仏像ですが、実は、インドは暑いため、昼ご飯を食べたあと、みな、二時間ぐらい昼寝をしていました。寝釈迦像というのは、涅《ね》槃《はん》に入《い》るときだけのポーズではなく、これも、一つの瞑想《めいそう》のポーズだったのです。

そういう場合もありますが、あるいは、ゆったりと座っても別に構いません。座布団《ざぶとん》に座ってもよいし、ソファーでも構いません。厳しいのが好きだったら、坐禅のスタイルでもよいでしょう。ただ、あれは昔のスタイルなので、今は、そうでなくても構いません。

霊界と交流しやすいのは、ゆったりと座った状態です。あるいは、寝てしま

ったら終わりですが、寝なければ、本当は横になった状態でもよいのです。寝て
目は、半眼《はんがん》ぐらいで、うっすらと開けてもよいし、閉じてもよいです。寝て
しまう人は、もちろん開けていても構いません。私の場合は、開けていても閉
じていても、どちらでもいけるので、構わないのですが。
根本《こんぽん》は、「心の曇《くも》りを取り除いて、天上界の光が入るようになり、天上界と
一体化できるような境地を目指すことである」ということをつかんでいただけ
れば、けっこうです。

慈悲ゆえに、禅宗にも厳しく鉄槌《てっつい》を下《くだ》す

道元禅の信奉者のなかには、がっかりした人もいるかもしれませんが、厳しいことを言うのも仕事なので、あえて述べておきました。私は、他宗教にも、それほど甘いことは言っておりませんので、「平等に厳しく鉄槌《てっつい》を下《くだ》す」ということです。

禅宗では、弟子たちの頭を履物《はきもの》で殴ったり、警策《きょうさく》でパシッと叩《たた》いたり、拳《こぶし》で殴ったりしていました。天童如浄も、「わしの慈愛を受け取れ。これは慈悲だ」と言いながら、居眠りをしている弟子を拳で殴って、鉄拳制裁《てっけんせいさい》をしていたので

す。

ただ、現代的に言うと、やはり、睡眠不足はいけません。精神統一ができないからです。睡眠不足では、天上界との交流は厳しいので、よく寝てください。寝すぎてはいけませんが、寝てください。

二、三時間の睡眠で精神統一しようとした場合、だいたい、悪霊が来るので、私は勧めません。ある程度、きちんと寝たほうがよいでしょう。「睡眠」と「霊的な波長《はちょう》の調《ととの》え方」には非常に関係があるので、大事にしていただきたいと思います。

『禅について考える』大川隆法著作関連書籍

『太陽の法』（幸福の科学出版刊）

『黄金の法』（同右）

『永遠の法』（同右）

『大悟の法』（同右）

『信仰告白の時代』（同右）

『悟りの挑戦（上巻・下巻）』（同右）

※左記は書店では取り扱っておりません。最寄りの精舎・支部・拠点までお問い合わせください。

『宗教のかたちについて』（宗教法人幸福の科学刊）

禅《ぜん》について考《かんが》える ―『黄金《おうごん》の法《ほう》』講義《こうぎ》④ ―

2014年 8月 27日　初版第1刷

著　者　　大《おお》　川《かわ》　隆《りゅう》　法《ほう》

発行所　　幸福の科学出版株式会社

〒107-0052 東京都港区赤坂2丁目10番14号
TEL(03)5573-7700
http://www.irhpress.co.jp/

印刷・製本　株式会社 東京研文社

落丁・乱丁本はおとりかえいたします

ISBN978-4-86395-530-1 C0014

幸福の科学の教えの輪郭が分かる、基本三部作

太陽の法

エル・カンターレへの道

創世記や愛の段階、悟りの構造、文明の流転を明快に説き、主エル・カンターレの真実の使命を示した、仏法真理の基本書。

2,000円

黄金の法

エル・カンターレの歴史観

歴史上の偉人たちの活躍を鳥瞰しつつ、隠されていた人類の秘史を公開し、人類の未来をも予言した、空前絶後の時間論。

2,000円

永遠の法

エル・カンターレの世界観

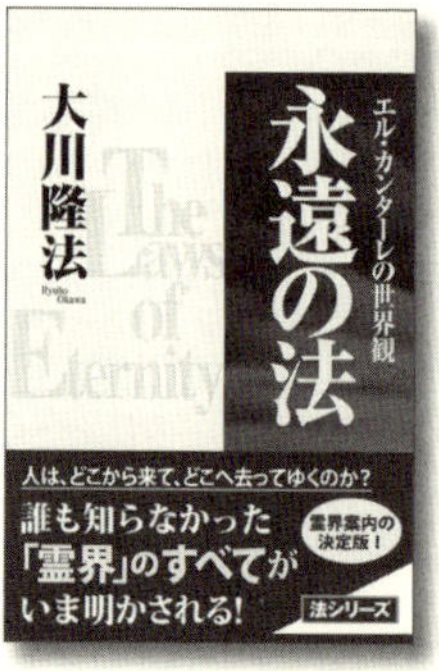

『太陽の法』（法体系）、『黄金の法』（時間論）に続いて、本書は、空間論を開示し、次元構造など、霊界の真の姿を明確に解き明かす。

2,000円

※表示価格は本体価格（税別）です。

大川隆法ベストセラーズ・仏教思想の真髄とは

悟りの挑戦（上巻）

いま、新たな法輪がめぐる

本書は仏陀自身による仏教解説であり、仏陀・釈尊の悟りの真相を明らかにする。その過程で、仏教学の誤りや、仏教系諸教団の間違いをも闡明《せんめい》にしている。

1,748 円

悟りの挑戦（下巻）

仏智が拓く愛と悟りの世界

中道、涅槃、空、無我、仏性など、仏教の中核理論を分かりやすく解説した本書は、化石化した仏教に再び生命を与える。釈迦の真意がここにある。

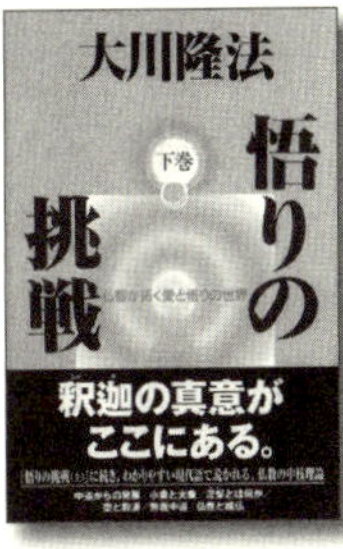

1,748 円

沈黙の仏陀

ザ・シークレット・ドクトリン

本書は、戒律や禅定などを平易に説き、仏教における修行のあり方を明らかにする。現代人に悟りへの道を示す、神秘の書。

1,748 円

釈迦の本心

よみがえる仏陀の悟り

釈尊の出家・成道を再現し、その教えを現代人に分かりやすく書き下ろした仏教思想入門。読者を無限の霊的進化へと導く。

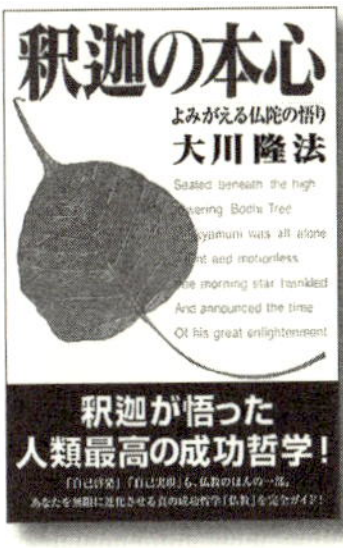

2,000 円

大川隆法シリーズ・最新刊（幸福論シリーズ）

ソクラテスの幸福論

諸学問の基礎と言われる哲学には、必ず“宗教的背景”が隠されている。知を愛し、自らの信念を貫くために毒杯をあおいだ哲学の祖・ソクラテスが語る「幸福論」。

1,500円

キリストの幸福論

失敗、挫折、苦難、困難、病気……。この世的な不幸に打ち克つ本当の幸福とは何か。2000年の時を超えてイエスが現代人に贈る奇跡のメッセージ！

1,500円

ヒルティの語る幸福論

人生の時間とは、神からの最大の賜りもの。「勤勉に生きること」「習慣の大切さ」を説き、実業家としても活躍した思想家ヒルティが語る「幸福論の真髄」。

1,500円

アランの語る幸福論

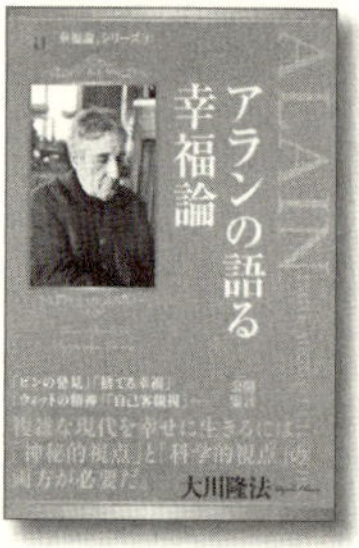

人間には幸福になる「義務」がある――。人間の幸福を、精神性だけではなく科学的観点からも説き明かしたアランが、現代人に幸せの秘訣を語る。

1,500円

※表示価格は本体価格（税別）です。

大川隆法ベストセラーズ・忍耐の時代を切り拓く

忍耐の法

「常識」を逆転させるために

人生のあらゆる苦難を乗り越え、夢や志を実現させる方法が、この一冊に――。混迷の現代を生きるすべての人に贈る待望の「法シリーズ」第20作!

2,000円

大悟の法

常に仏陀と共に歩め

「悟りと許し」に斬り込んだ、現代人にも実践しやすい仏教論。人生の悩みや疑問を解決し、苦難を打ち破る教えに満ちている。

2,000円

「正しき心の探究」の大切さ

靖国参拝批判、中・韓・米の歴史認識……。「真実の歴史観」と「神の正義」とは何かを示し、日本に立ちはだかる問題を解決する。

1,500円

自由の革命

日本の国家戦略と世界情勢のゆくえ

「集団的自衛権」は是か非か!? 混迷する国際社会と予断を許さないアジア情勢。今、日本がとるべき国家戦略を緊急提言!

1,500円

※表示価格は本体価格(税別)です。

大川隆法シリーズ・最新刊　幸福の科学大学の精神

幸福の科学大学創立者の精神を学ぶI（概論）

宗教的精神に基づく学問とは何か

いま、教育界に必要な「戦後レジームからの脱却」とは何か。新文明の創造を目指す幸福の科学大学の「建学の精神」を、創立者みずからが語る。

1,500円

幸福の科学大学創立者の精神を学ぶII（概論）

普遍的真理への終わりなき探究

「知識量の増大」と「専門分化」が急速に進む現代の大学教育に必要なものとは何か。幸福の科学大学創立者が「新しき幸福学」の重要性を語る。

1,500円

幸福学概論

個人の幸福から企業・組織の幸福、そして国家と世界の幸福まで、1600 冊を超える著書で説かれた縦横無尽な「幸福論」のエッセンスがこの一冊に！

1,500円

幸福の科学出版

Noblesse《ノーブレス》 Oblige《オブリージ》 「高貴なる義務」を果たす、「真のエリート」を目指せ。

幸福の科学学園
中学校・高等学校（那須本校）

Happy Science Academy Junior and Senior High School

私は、
教育が人間を創ると
信じている一人である。
若い人たちに、
夢とロマンと、精進、
勇気の大切さを伝えたい。
この国を、全世界を、
ユートピアに変えていく力を
出してもらいたいのだ。

（幸福の科学学園 創立記念碑より）

幸福の科学学園 創立者
大川隆法

幸福の科学学園（那須本校）は、幸福の科学の教育理念のもとにつくられた、男女共学、全寮制の中学校・高等学校です。自由闊達な校風のもと、「高度な知性」と「徳育」を融合させ、社会に貢献するリーダーの養成を目指しており、2014年4月には開校四周年を迎えました。

Noblesse《ノーブレス》 Oblige《オブリージ》

「高貴なる義務」を果たす、
「真のエリート」を目指せ。

2013年 春 開校

幸福の科学学園
関西中学校・高等学校

Happy Science Academy
Kansai Junior and Senior High School

私は日本に
真のエリート校を創り、
世界の模範としたい
という気概に満ちている。
『幸福の科学学園』は、
私の『希望』であり、
『宝』でもある。
世界を変えていく、
多才かつ多彩な人材が、
今後、数限りなく
輩出されていくことだろう。

（幸福の科学学園関西校 創立記念碑より）

幸福の科学学園 創立者
大川隆法

滋賀県大津市、美しい琵琶湖の西岸に建つ幸福の科学学園（関西校）は、男女共学、通学も入寮も可能な中学校・高等学校です。発展・繁栄を校風とし、宗教教育や企業家教育を通して、学力と企業家精神、徳力を備えた、未来の世界に責任を持つ「世界のリーダー」を輩出することを目指しています。

幸福の科学学園・教育の特色

「徳ある英才」の創造

教科「宗教」で真理を学び、行事や部活動、寮を含めた学校生活全体で実修して、ノーブレス・オブリージ(高貴なる義務)を果たす「徳ある英才」を育てていきます。

体育祭

天分を伸ばす「創造性教育」

教科「探究創造」で、偉人学習に力を入れると共に、日本文化や国際コミュニケーションなどの教養教育を施すことで、各自が自分の使命・理想像を発見できるよう導きます。さらに高大連携教育で、知識のみならず、知識の応用能力も磨き、企業家精神も養成します。芸術面にも力を入れます。

探究創造科発表会

一人ひとりの進度に合わせた「きめ細やかな進学指導」

熱意溢れる上質の授業をベースに、一人ひとりの強みと弱みを分析して対策を立てます。強みを伸ばす「特別講習」や、弱点を分かるところまでさかのぼって克服する「補講」や「個別指導」で、第一志望に合格する進学指導を実現します。

授業の様子

自立心と友情を育てる「寮制」

寮は、真なる自立を促し、信じ合える仲間をつくる場です。親元を離れ、団体生活を送ることで、縦・横の関係を学び、力強い自立心と友情、社会性を養います。

毎朝夕のお祈りの時間

幸福の科学学園の進学指導

1 英数先行型授業

受験に大切な英語と数学を特に重視。「わかる」（解法理解）まで教え、「できる」（解法応用）、「点がとれる」（スピード訓練）まで繰り返し演習しながら、高校三年間の内容を高校二年までにマスター。高校二年からの文理別科目も余裕で仕上げられる効率的学習設計です。

2 習熟度別授業

英語・数学は、中学一年から習熟度別クラス編成による授業を実施。生徒のレベルに応じてきめ細やかに指導します。各教科ごとに作成された学習計画と、合格までのロードマップに基づいて、大学受験に向けた学力強化を図ります。

3 基礎力強化の補講と個別指導

基礎レベルの強化が必要な生徒には、放課後や夕食後の時間に、英数中心の補講を実施。特に数学においては、授業の中で行われる確認テストで合格に満たない場合は、できるまで徹底した補講を行います。さらに、カフェテリアなどでの質疑対応の形で個別指導も行います。

4 特別講習

夏期・冬期の休業中には、中学一年から高校二年まで、特別講習を実施。中学生は国・数・英の三教科を中心に、高校一年からは五教科でそれぞれ実力別に分けた講座を開講し、実力養成を図ります。高校二年からは、春期講習会も実施し、大学受験に向けて、より強化します。

5 幸福の科学大学（仮称・設置認可申請中）への進学

二〇一五年四月開学予定の幸福の科学大学への進学を目指す生徒を対象に、推薦制度を設ける予定です。留学用英語や専門基礎の先取りなど、社会で役立つ学問の基礎を指導します。

授業の様子

仏法真理塾

サクセスNo.1

未来の菩薩を育て、仏国土ユートピアを目指す！

サクセスNo.1 東京本校（戸越精舎内）

仏法真理塾「サクセスNo.1」とは

宗教法人幸福の科学による信仰教育の機関です。信仰教育・徳育にウエイトを置きつつ、将来、社会人として活躍するための学力養成にも力を注いでいます。

「サクセスNo.1」のねらいには、「仏法真理と子どもの教育面での成長とを一体化させる」ということが根本にあるのです。

大川隆法総裁　御法話「『サクセスNo.1』の精神」より

仏法真理塾「サクセスNo.1」の教育について

信仰教育が育む健全な心

御法話拝聴や祈願、経典の学習会などを通して、仏の子としての「正しい心」を学びます。

学業修行で学力を伸ばす

忍耐力や集中力、克己心を磨き、努力によって道を拓く喜びを体得します。

法友との交流で友情を築く

塾生同士の交流も活発です。お互いに信仰の価値観を共有するなかで、深い友情が育まれます。

●サクセスNo.1は全国に、本校・拠点・支部校を展開しています。

東京本校	TEL.03-5750-0747	FAX.03-5750-0737
名古屋本校	TEL.052-930-6389	FAX.052-930-6390
大阪本校	TEL.06-6271-7787	FAX.06-6271-7831
京滋本校	TEL.075-694-1777	FAX.075-661-8864
神戸本校	TEL.078-381-6227	FAX.078-381-6228
西東京本校	TEL.042-643-0722	FAX.042-643-0723
札幌本校	TEL.011-768-7734	FAX.011-768-7738
福岡本校	TEL.092-732-7200	FAX.092-732-7110
宇都宮本校	TEL.028-611-4780	FAX.028-611-4781
高松本校	TEL.087-811-2775	FAX.087-821-9177
沖縄本校	TEL.098-917-0472	FAX.098-917-0473
広島拠点	TEL.090-4913-7771	FAX.082-533-7733
岡山本校	TEL.086-207-2070	FAX.086-207-2033
北陸拠点	TEL.080-3460-3754	FAX.076-464-1341
大宮拠点	TEL.048-778-9047	FAX.048-778-9047

全国支部校のお問い合わせは、
サクセスNo.1 東京本校（TEL. 03-5750-0747）まで。
メール info@success.irh.jp

エンゼルプランV

信仰教育をベースに、知育や創造活動も行っています。

信仰に基づいて、幼児の心を豊かに育む情操教育を行っています。また、知育や創造活動を通して、ひとりひとりの子どもの個性を大切に伸ばします。お母さんたちの心の交流の場ともなっています。

TEL 03-5750-0757　FAX 03-5750-0767
メール angel-plan-v@kofuku-no-kagaku.or.jp

ネバー・マインド

不登校の子どもたちを支援するスクール。

「ネバー・マインド」とは、幸福の科学グループの不登校児支援スクールです。「信仰教育」と「学業支援」「体力増強」を柱に、合宿をはじめとするさまざまなプログラムで、再登校へのチャレンジと、進路先の受験対策指導、生活リズムの改善、心の通う仲間づくりを応援します。

TEL 03-5750-1741　FAX 03-5750-0734
メール nevermind@happy-science.org

ユー・アー・エンゼル！（あなたは天使！）運動

障害児の不安や悩みに取り組み、ご両親を励まし、勇気づける、障害児支援のボランティア運動です。学生や経験豊富なボランティアを中心に、全国各地で、障害児向けの信仰教育を行っています。保護者向けには、交流会や、医療者・特別支援教育者による勉強会、メール相談を行っています。

TEL 03-5750-1741　FAX 03-5750-0734
メール you-are-angel@happy-science.org

シニア・プラン21

生涯反省で人生を再生・新生し、希望に満ちた生涯現役人生を生きる仏法真理道場です。週1回、開催される研修には、年齢を問わず、多くの方が参加しています。現在、全国8カ所（東京、名古屋、大阪、福岡、新潟、仙台、札幌、千葉）で開校中です。

東京校 TEL 03-6384-0778　FAX 03-6384-0779
メール senior-plan@kofuku-no-kagaku.or.jp

入会のご案内

あなたも、幸福の科学に集い、
ほんとうの幸福を
見つけてみませんか？

幸福の科学では、大川隆法総裁が説く仏法真理をもとに、
「どうすれば幸福になれるのか、また、
他の人を幸福にできるのか」を学び、実践しています。

入会

大川隆法総裁の教えを信じ、学ぼうとする方なら、どなたでも入会できます。入会された方には、『入会版「正心法語」』が授与されます。（入会の奉納は1,000円目安です）

ネットでも**入会**
できます。詳しくは、
下記URLへ。
happy-science.jp/joinus

三帰《さんき》誓願《せいがん》

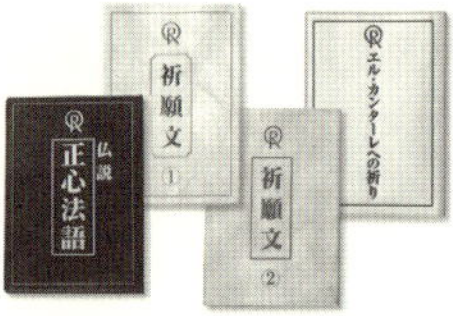

仏弟子としてさらに信仰を深めたい方は、仏・法・僧の三宝への帰依を誓う「三帰誓願式」を受けることができます。三帰誓願者には、『仏説・正心法語』『祈願文①』『祈願文②』『エル・カンターレへの祈り』が授与されます。

植福《しょくふく》の会

植福は、ユートピア建設のために、自分の富を差し出す尊い布施の行為です。布施の機会として、毎月1口1,000円からお申込みいただける、「植福の会」がございます。

「植福の会」に参加された方のうちご希望の方には、幸福の科学の小冊子（毎月1回）をお送りいたします。詳しくは、下記の電話番号までお問い合わせください。

月刊「幸福の科学」

ザ・伝道

ヤング・ブッダ

ヘルメス・エンゼルズ

INFORMATION
幸福の科学サービスセンター
TEL. **03-5793-1727**（受付時間 火〜金：10〜20時／土・日：10〜18時）
宗教法人 幸福の科学 公式サイト **happy-science.jp**